Lueur de vie

Lueur de vie

ou

L'incroyable pérégrination
d'une âme de 10.000 ans

Marc Senzier

Impression par BoD™ - Books on Demand GmbH,
Norderstedt, Allemagne.

ISBN n° 9782322209996

Dépôt légal : avril 2020

à Elle,

à tous ceux que j'ai aimés et ceux que j'aimerai.

Vous serez sûrement surpris par le récit que je m'apprête à vous conter.

Lorsque vous l'aurez lu, vous sourirez peut-être et vous vous direz que cette histoire n'est que pure affabulation.

Pourtant, cette histoire est vraie.
Elle l'est dans mon esprit et dans mon âme,
elle l'est de tout mon être.

Igraine et Hildebert

C'est la fin du douzième siècle, le roi de France Philippe II est en guerre contre les fiefs de Richard Cœur de Lion, roi d'Angleterre. Le comté de Toulouse avait été annexé quelques années auparavant par les armées de Henri II, père de Richard et Jean sans Terre. Lorsque Henri II décède, les combats reprennent de plus belle. C'est une période de reconquête pour le royaume de France.

Igraine est promise à Hildebert, un jeune chevalier qui ne possède qu'une petite châtellenie. En tant qu'héritier de banneret, il est autorisé à porter sa bannière et commande à deux autres chevaliers.

Les nouvelles ne sont pas bonnes. Hildebert doit prendre les armes et rejoindre le comté de Toulouse.

Le départ est imminent.

Il est décidé que le mariage serait prononcé avant celui-ci.

Quelques frugales mais non moins belles festivités sont organisées et un petit nombre de convives y est invité.

Igraine est ravissante. Elle porte une robe simple mais rehaussée par de fines broderies et une couronne de fleur blanche en diadème nuptial égaie son visage. Elle est heureuse, souriante et n'a d'yeux que pour son bien-aimé.

La soirée de festivité fait oublier le départ de son époux qui doit avoir lieu le lendemain. Peut-être un vin épicé y était-il servi, comme cela se faisait depuis que l'on avait ramené des épices lors de la première croisade ?

Lorsqu'il est temps pour les jeunes mariés de se retirer dans leur quartier, Igraine se laisse guider.

Dans l'intimité de la chambre au mobilier dépouillé mais humblement décorée pour l'occasion, un sentiment particulier, doux et intense l'envahit lorsque son époux l'étreint. Elle s'abandonne alors corps et âme lors d'une étreinte d'amour charnel.

L'instant la détache de la notion d'espace et de temps, elle a la sensation de s'évaporer. La nuit se passe dans l'euphorie des noces.

Au petit matin, alors que les premiers rayons du soleil ne percent pas encore le ciel étoilé, Hildebert est déjà levé et s'apprête.

Il s'approche d'elle, l'embrasse et lui fait la promesse de revenir.

Connaissant les dangers que Hildebert allait courir, ils firent alors le vœu de s'aimer par-delà la mort.

C'est déjà le jour du départ.
Il enfourche son cheval et s'éloigne avec une petite troupe d'hommes en armes.

Hélas, quelques semaines plus tard, un messager apporte à Igraine la triste nouvelle : son époux a été tué.

La tristesse d'Igraine est alors incommensurable.
Elle n'aura connu que brièvement son époux et passé qu'une seule nuit avec lui.
La promesse d'Hildebert ne sera pas tenue, ce qui laissera un sentiment amer d'inachevé.

Mais l'histoire ne s'arrête pas là.

Espérance

Je fus confronté pour la première fois à la mort alors que je n'étais qu'un jeune enfant.

 Ma grand-mère maternelle qui avait pris soin de moi pendant une brève période qui succéda au divorce de mes parents, mourut prématurément. C'était un être lumineux à l'allure élégante ; je garde encore le souvenir de sa gentillesse.

 Aujourd'hui, il ne me reste que peu de souvenirs de cette époque, mais je me rappelle très bien un événement qui eut lieu lorsque que je n'avais pas encore quatre ans.

Une cour séparait la maison de mes grands-parents d'un vaste jardin potager où mon grand-père cultivait toutes sortes de fruits et légumes. Un petit portillon en bois m'en empêchait l'accès et j'étais curieux de savoir ce qui se trouvait au bout de la petite allée bordée de fleurs qui menait tout droit à quelques rangées de pieds de vigne.

 Le portillon était peint d'un joli jaune assorti à la couleur d'une des rangées de fleurs.
Un jour, alors qu'il était ouvert, je voyais là une occasion unique. Sans attendre, je m'élançai en courant aussi vite qu'il m'était possible, persuadé

de pouvoir atteindre les premiers pieds de vigne et découvrir enfin ce qui s'y trouvait plus loin.

Mais à peine avais-je avancé de trois ou quatre enjambées que je fus stoppé net par ma grand-mère qui m'avait déjà rattrapé par l'épaule.
Je me souviens encore aujourd'hui de ma pensée en levant mon regard sur elle :
« Qu'est-ce qu'elle court vite ? ».
C'était en effet incroyable pour l'enfant que j'étais qu'elle ait pu me rattraper aussi rapidement.

Lors de la veillée funèbre, son lit de mort avait été installé dans la pièce qui servait de salon.
Je fus autorisé à y entrer quelques instants.
La pièce était plongée dans la pénombre, à peine éclairée par quelques bougies.
Ainsi en est-il de mes souvenirs.

Les membres de ma famille étaient tristes ; l'un ou plusieurs d'entre eux pleuraient.
Alors que je sentais l'émotion grandir en moi, je me surpris à penser que je ne devais pas exprimer ma tristesse.
Non pas que je n'en ressentais pas, mais que je n'étais pas autorisé à l'exprimer devant la défunte.

Drôle de sentiment, je vous l'assure, mais à l'époque ceci se traduisit par :
« Ne sois pas triste, Ne pleure pas ici ».

Cette expérience résonnera en moi bien plus tard, lorsque je conceptualiserai, en libre penseur, les fondements d'une sensibilité théologique proche du bouddhisme et du chamanisme.

Les pleurs des vivants ne doivent pas retenir l'âme d'un défunt ni entraver son départ vers un au-delà, quelque soit cet au-delà, quand bien même l'au-delà n'existe pas.

Mon grand-père qui était d'obédience catholique se rendait souvent à la messe les dimanches.
L'un d'eux, j'eus l'occasion de m'y rendre en famille. Entrer dans le bâtiment au plafond si haut était impressionnant, sans compter les statues, les vitraux, la coupole.

De nombreuses personnes étaient déjà présentes et attendaient assises sur les bancs savamment ordonnés en rangées successives.
Pour l'enfant que j'étais, c'était nouveau et grandiose et incontestablement un lieu où se passaient des choses extraordinaires.

J'en garde cependant un souvenir désagréable.
Pendant la messe, il fallait se lever, s'asseoir, se relever puis s'asseoir à nouveau.
Les gens récitaient des textes et des prières que je ne connaissais pas ni ne comprenais.
La messe était-elle en latin ?
Je n'en ai pas gardé le souvenir.

Comme il n'y avait pas d'obligation, je refusai de m'y rendre la fois suivante, préférant rester jouer dans la maison ou dans le jardin auquel j'avais désormais un accès libre.

Lorsque l'on est enfant, les choses sont simples et apparaissent souvent comme des évidences.
Mes amis arabes étaient musulmans, les juifs étaient juifs, les indiens des Indes étaient hindous, ceux d'Amérique chamanistes et les asiatiques étaient bouddhistes (du moins je pensais qu'ils l'étaient tous).
Moi, homme blanc, je serai catholique, ainsi était l'ordre naturel des choses et il ne pouvait en être autrement dans ma tête d'enfant.

C'est donc tout naturellement vers mes dix ou douze ans que m'est venue l'envie de comprendre ce qu'était Dieu.
Me voilà donc en classe de catéchisme.
Très vite, je dois apprendre le « Notre Père » qui était un peu difficile à retenir. Puis viennent des histoires extraordinaires sur Jésus le Messie.

A l'époque, je commençai à lire la revue Strange où apparaissaient des super-héros aux pouvoirs spéciaux capables de réaliser des choses tout aussi invraisemblables.
Je faisais cependant la part des choses entre la fiction et la réalité.

J'en fis donc autant avec le catholicisme, non sans avoir fait ma première communion, et abandonnai définitivement l'idée d'être un jour catholique.

Je m'étais trompé.

Il était possible de se tromper.

L'Homme pouvait donc se tromper.
Médecin, professeur, religieux ou simplement homme commun, tout être était susceptible de se tromper.
Mais pire encore, il pouvait rester dans l'erreur.

Devrai-je alors continuer à avoir une foi aveugle en la personne garante d'une autorité ?
Non.

À l'avenir, je devrai douter, non pas de manière suspicieuse ou systématique, sauf bien entendu pour la parole politique (ici c'est l'adulte qui parle), mais afin de tenter de me rapprocher, à défaut de la vérité, d'une certaine réalité.

Il me faudra appliquer une méthode scientifique, avec postulats, axiomes, expérimentations, vérifications et conclusions. Conclusions dont il faudra aussi savoir se méfier, car établies par un homme qui peut se tromper et pouvant se tromper lui-même.

Je devrai donc apprendre à voir au-delà de l'illusion des choses du monde.

Bien évidemment, à l'époque, je n'exprimais pas ce raisonnement dans ces termes mais je le percevais intuitivement.

C'est vers cet âge que je reçus un livre illustré dont je me souviens très bien.
Il avait pour titre « Diogène et son tonneau » et racontait l'histoire d'un philosophe grec qui avait abandonné sa fortune pour vivre dans la rue, dormant dans un tonneau et déambulant dans les rues de la cité en plein jour une lampe à huile allumée et cherchant à rencontrer des hommes.
Il y en avait pourtant partout dans la cité.

Qui cherchait-il à rencontrer ? Des hommes plus près de la vraie nature de l'homme ?

Il y a tellement d'hommes inconscients de leur vraie nature et qui semblent se tromper de vie...

Vous me direz ici que je m'égare car je dois vous raconter le récit extraordinaire d'une âme en transit.

Certes. Mais il me faut vous en dire un peu plus avant.

Balade en forêt

Prendre un sentier,
s'éloigner des bruits de la civilisation,
s'arrêter, contempler, se ressourcer...

De nombreux lieux possèdent la mémoire
de notre nature oubliée.

Probable providence
ou suprême hasard

L'homme, peut-être pour se rassurer, ressent le besoin de trouver la cause d'un effet donné.
Lorsque la cause d'un événement lui échappe et qu'il ne peut ni la définir, ni la nommer, il parle alors de hasard ou de fatalité.
Lorsque la conclusion d'une série d'événements lui est favorable, heureuse ou inattendue, il lui arrive de dire que ce hasard est le fruit de la providence.

En ce qui concerne son origine, l'Homme s'ouvre à de grands débats.

Nous pouvons constater que nous sommes vivants, ici ou là, sur cette petite planète bleue que l'on appelle la Terre.
Quelque soit notre mode de pensée, ce qui nous apparaît comme certain est que nous sommes bien vivants, sans vraiment savoir d'où nous venons et quel sera notre devenir.
Il est facilement compréhensible qu'évoluant entre ces deux inconnues, l'Homme, dépourvu de véritables repères, puisse ressentir une légère angoisse qu'il tentera d'apaiser en entrevoyant quelques probables réponses.

Les religions nous en proposent quelques-unes, la science quelques-autres.

Comme le propos ici n'est pas de trouver une réponse irréfutable aujourd'hui, l'essentiel est que chacun puisse penser et croire en ce qui lui convient le mieux en son âme et conscience.

Qu'il soit dans le vrai ou dans le faux n'a peut-être aucune importance car celui qui est en recherche apprendra sûrement plus de sa quête que d'une réponse pré-fabriquée.
Le plus important est alors de ne pas oublier la quête car les occasions de s'arrêter ou de s'égarer peuvent être nombreuses.

« Ce que je crois vrai peut être faux jusqu'à preuve irréfutable du contraire. Inversement, ce que je crois faux peut être finalement vrai ».
Ceci se doit d'être un axiome de base de tout chercheur sincère en quête de vérité.
Ainsi il sera possible de s'ouvrir au dialogue avec des interlocuteurs défendeurs d'idées opposées, d'admettre des différences ou encore de changer de point de vue.

Avec un peu de sagesse, il arrive parfois de se rendre compte que les opposés ne sont pas que contraires : ils peuvent être complémentaires.
Pour cela, Il ne faut parfois qu'un petit brin de curiosité.

La curiosité est une petite étincelle qui existe en chacun de nous depuis notre premier souffle.

Elle est peut-être le moteur de notre progression, de notre évolution ou encore, la cause de nos interrogations.
Est-ce alors un manque de réponse qui nous aurait amené à élaborer le concept de Dieu ?

Repassons quelques définitions :

Dieu : être suprême, éternel, créateur et conservateur de l'univers.

Probabilité : vraisemblance, apparence de vérité, pourcentage de chance de la réalisation d'un événement, conception scientifique et déterministe du hasard.

Providence : (latin) Pro, avant et Videre, voir. Suprême sagesse par laquelle Dieu conduit ou gouverne toute chose.

Suprême : qui est au-dessus de tout.

Hasard : (arabe) Az-zarh, un jeu de dès. Ensemble d'événements dont la cause nous échappe, concours d'événement imprévus, cause fictive des événements apparemment soumis à la seule loi des probabilités.

Pré-histoire

Laissez-moi vous raconter ce qui est advenu d'un petit groupe d'hommes et de femmes chasseurs-cueilleurs à la période du mésolithique.

Au début de cette période qui va de moins dix mille ans à moins cinq mille ans, la terre connaît un réchauffement climatique et sort petit à petit d'une longue glaciation qui recouvre une bonne partie de l'Europe du nord.

Un petit groupe d'hommes et de femmes forment un petit clan d'une dizaine d'âmes et se déplacent en suivant des troupeaux de cervidés.
Les conditions de vie sont alors très rudes et le clan survit difficilement, nombreux sont morts durant leur périple.

Une femme venait de perdre son enfant en bas-âge. C'était le dernier enfant du groupe et avec sa mort, la survie du clan était engagée.

La mère, très affectée, s'était plongée dans une sorte de léthargie et refusait de s'alimenter.
Elle ralentissait le groupe qui avait de plus en plus de mal à suivre un troupeau de cervidés, source indispensable de nourriture pour la survie du petit clan.

Il fut décidé que le groupe partirait en avant, laissant à l'arrière la femme, son compagnon et un autre membre que nous appellerons Elian.

La faim se faisait ressentir, le froid brûlait les calories, l'affaiblissement des corps ralentissait d'autant plus le trio. L'espoir de pouvoir rattraper le reste du clan s'éloignait de plus en plus.
Sans nouvelles de celui-ci et presque sans aucune trace indiquant la direction qu'il avait prise, le trio se retrouvait de plus en plus isolé et se savait bientôt perdu.
Les maigres racines trouvées çà et là ne suffisaient pas à assurer le minimum vital.
La femme était de plus en plus faible. Amaigrie, elle commençait à avoir du mal à mettre un pied devant l'autre.
La faim gagnait les esprits qui ne savaient plus comment la contenter.

Une bagarre éclate alors entre les deux hommes. Après quelques échanges de coups, Elian finit par avoir le dessus et le compagnon battu, résigné, s'éloigne puis disparaît.
La jeune femme, à bout de force, est restée prés du feu du lieu de bivouac, allongée sur le ventre, la joue contre terre, le regard hagard comme perdu dans une autre réalité.

Elian s'assoit prés du feu et reste un long moment immobile à l'observer.

Soudain il se relève, saisit un gourdin et d'un coup aussi habile que puissant, lui fracasse le crâne.

Elle gît maintenant dans son sang. Elle n'est plus que chair et os. Elle n'est plus que chair et Elian y goûtera autant par désespoir que par instinct de survie.

Que ne sommes-nous pas capables de faire dans une situation extrême ? Comment vivrons-nous avec le poids d'un tel acte ?

La somme de nos actes, bons et mauvais, est-elle ce que les Egyptiens appelaient la pesée de l'âme ? Serons-nous jugés dans cette vie ou juste après ?

Réincarnation et Spiritisme

J'ai entendu le mot « réincarnation » pour la première fois lorsque j'avais huit ou dix ans.

J'ai entendu celui de « résurrection » un peu plus tard lors du catéchisme. Si je suis resté incrédule sur ce dernier, la réincarnation m'a semblé d'emblée une chose naturellement plausible.

Lors d'une discussion entre enfants, j'avais proposé de me faire une cicatrice dans la paume d'une main juste avant de mourir afin que, dans l'hypothèse d'une vie future, elle m'interroge et devienne un indice qui me mettrait sur la piste de la véracité de la réincarnation.

Intuitivement, je posais comme postulat que, si la réincarnation existe, nous n'avions pas le souvenir de nos vies antérieures.
Je vous accorde que tout cela n'était qu'un raisonnement d'enfant.

Plus tard, m'intéressant au bouddhisme et plus particulièrement aux protocoles de tests pour la reconnaissance des lamas réincarnés ou encore par la lecture du Bardo Thödol, le livre tibétain des morts, je réalisais à quel point mon raisonnement d'enfant ne tenait pas la route.

Cependant, faute de cicatrice physique, nos cicatrices émotionnelles et mentales persistent-elles dans une future vie, si une telle vie future existe ?

A ce stade, je n'avais que des hypothèses, rien de vérifiable ou quantifiable. Il me faudrait pousser plus loin mes investigations.

A l'adolescence, alors que je passais les vacances d'été en Andalousie, dans un village perdu au milieu d'oliviers à perte de vue, où mon père possédait une maison qui donnait sur le Rio Guadalquivir, un ami me convia à une séance de spiritisme. Curieux et ouvert d'esprit, j'y participai.

Il utilisait un verre retourné sur une table sur laquelle étaient disposées des cartes avec les lettres de l'alphabet, les chiffres et quatre cartes supplémentaires où était inscrit : oui, non, le point d'interrogation et au revoir.
Après une brève période de relaxation et de médiation, il entamait la séance en invitant un esprit à communiquer avec nous par le biais du verre sur lequel nous apposions un index.
Nous l'effleurions à peine et lorsqu'il se déplaçait nous n'avions qu'à garder un léger contact en le suivant dans sa trajectoire.

Je remarquai que si l'un d'entre nous essayait de déplacer volontairement le verre, celui-ci avait tendance à faire une rotation. Il était donc facile de savoir si l'un d'entre nous trichait.

Mais le verre se déplaçait sans rotation, comme mû par une force interne.

Y croyais-je alors ? Je ne me posais pas la question. Soit le verre se déplaçait par une force de nature surnaturelle, soit les faibles pressions exercées par l'index de chaque participant étaient extrêmement équilibrées, comme si le groupe ne faisait plus qu'un.

Après cette séance d'expérimentation commença une période d'étude où nous notions de manière systématique nos questions et les réponses que les esprits nous donnaient lors des multiples séances qui nous réunissaient souvent aux heures les plus chaudes des journées andalouses.

Lors d'une séance où ma sœur était présente, un esprit nous conta son histoire. Pilote pendant la période de la deuxième guerre mondiale, il avait largué par erreur une bombe sur un orphelinat en faisant de nombreuses victimes, enfants comme adultes. Quelques années plus tard, ne pouvant pas se résoudre à se pardonner, il mit fin à ses jours.

Il nous raconta qu'il était maintenant avec d'autres personnes qui, comme lui, avaient commis un acte de suicide, dans un espace dédié à une thérapie.

Nous lui posâmes toutes sortes de questions en essayant de faciliter les réponses car le processus pour délivrer un message avec cette forme de spiritisme est assez long.

Voilà ce qu'il en ressortit :
Dans son cas, le suicide était proscrit car il ne lui permettait plus de vivre une situation qui devait au final le faire grandir spirituellement et ceci, bien que la situation qu'il avait vécue ait été mauvaise. Les esprits des suicidés suivaient une thérapie de groupe avant d'être déplacés dans un autre espace ou dimension. Selon lui, il y avait d'autres espaces où des esprits dits mauvais étaient réunis pour suivre d'autres thérapies adaptées.

C'est lors de cette séance que se produisit un événement particulier. Sans même avoir posé de question, le verre bougea et l'esprit du pilote nous indiqua : « Ici amie commune ».
Nous lui demandâmes alors le nom de cette amie. Les esprits ont la fâcheuse manie de communiquer les noms dans un dialecte indéchiffrable et il fallut lui demander de nous communiquer le nom de cette personne lorsqu'elle était vivante.
Il nous donna un prénom féminin en français, alors que les séances se déroulaient en espagnol.

C'était le prénom peu courant d'une femme avec laquelle mon père avait vécu quelque temps et dont on nous avait dit qu'elle était morte dans un accident de voiture.

Je rétorquai qu'il devait y avoir une erreur et qu'elle ne pouvait pas se trouver avec le groupe des suicidés.
La réponse fut violente. Le verre se déplaça avec une force extraordinaire vers la carte « Non ».
Puis sans temps d'arrêt et avec la même intensité, il écrivit : « V.E.I.N.A.S. », veines en français.

L'ami, maître de séance, interrogea :
   « Est-elle morte en s'ouvrant les veines ? ».
C'est seulement à ce moment que je compris la signification du mot qui venait de s'écrire.
Le verre se dirigea vers la carte « Oui ».

Ma sœur, qui avait beaucoup d'estime pour cette femme, lâcha le verre et bouleversée, quitta la séance qui fut ainsi écourtée.

Hormis ma sœur et moi qui étions convaincus que la compagne de notre père était morte dans un accident, les autres membres présents pour cette séance de spiritisme ne la connaissaient même pas.
Quelques jours plus tard, je profitai d'une occasion pour interroger mon père à ce sujet. Très étonné et ému, il m'avoua qu'il en avait été ainsi.

Par quel phénomène avions-nous eu accès à cette information ?

L'esprit du pilote était-il un vrai esprit ?
Ou bien avions-nous eu cette information dans notre inconscient et avions-nous influencé les membres présents lors de la séance pour mettre à jour cette vérité ?

Cela mérite d'être approfondi.

 Permettez-moi alors vous de conter une autre séance de spiritisme qui se déroule pendant mon service militaire.

Lors d'une soirée dans la chambrée, nous convions la chambrée voisine pour une séance de spiritisme suite à une discussion plus tôt dans la journée sur les phénomènes paranormaux.
J'avais déjà officié maintes fois en qualité de maître de séance et je me sentais disposé à diriger cette séance à laquelle ne participeraient que des néophytes.

 La préparation fut ardue car nous dûmes créer les cartes avec des petits bouts de papier pris çà et là. Nous avions quelques bougies qui participèrent à la création d'une ambiance propice.
Il me fallut exclure, avant même le début de la séance, un jeune à peine majeur qui de toute évidence devenait de plus en plus nerveux à l'idée de participer à un tel événement.

Relaxation, respiration, méditation.

Après avoir dessiné un sceau de protection, j'entame la séance : « Y a-t-il un esprit parmi nous ? Si oui, qu'il se manifeste en déplaçant le verre jusqu'au Oui. »

Un long moment passe dans un grand silence et sur le qui-vive, tout le monde reste impassible. Je réitère la question. Le verre commence à bouger imperceptiblement. Les regards se croisent, le doute s'installe.

Je repose à nouveau la question et le verre gagne en force et se déplace jusqu'au « Oui ». Je demande alors à l'esprit de diriger le verre vers la personne qui l'a amené. Celui-ci se dirige sans hésitation vers un participant de la chambrée voisine. C'était l'un des plus réfractaires à l'idée que l'on puisse communiquer avec un esprit, que les esprits puissent se manifester, voire même que les esprits existent. Et c'était lui qui était désigné.

Je demande le prénom de l'esprit et le demande à nouveau car la première réponse est en langage d'esprit, c'est à dire intraduisible. Il nous donne un prénom féminin. Le visage du concerné se crispe. Je lui demande alors s'il connaît quelqu'un de ce prénom et il répond aussitôt qu'il s'agit de sa sœur.

Il ne dit pas que c'est le prénom de sa sœur, il dit : « c'est ma sœur ! ».

Je sais dès lors qu'il s'agit d'une personne décédée car les esprits des vivants ne s'attablent pas lors d'une séance de spiritisme. Les autres participants ne s'en doutent absolument pas à ce moment.

Il s'adresse directement au verre : « Si tu es ma sœur, peux-tu me donner ta date de naissance ? » Le verre commence à bouger et j'ai un gros doute à ce moment sur le contenu de la réponse. Pourtant, sans hésitation, l'esprit nous indique une date.
À chaque chiffre dévoilé, le visage de l'intéressé pâlit de plus en plus.
Le dernier chiffre est annoncé. D'une voix à la fois fébrile et colérique, il intime l'ordre au verre, en le fixant avec son index, de lui communiquer la date de sa mort. A ce moment, il s'adressait au verre comme s'il parlait à une personne vivante.

Tous les regards n'expriment alors que surprise et effroi. Tous ont compris à fortiori que l'esprit est celui de sa défunte sœur. Le verre nous communique la date de son décès. Les yeux larmoyants, le ton pâle, le compagnon se lève alors et quitte la pièce précipitamment.

Personne ne bouge ni ne parle. Tout est figé pendant un bref instant qui parut pourtant très long.
Comme je ne peux conclure la séance dans ces conditions, je remercie l'esprit de s'être manifesté

et lui demande de bien vouloir quitter la séance en dirigeant le verre jusqu'à la carte « au revoir ».
Il s'exécute.

 Je présente mes excuses au groupe en lui signifiant que nous en resterons là.

 Personne ne savait que notre compagnon avait une sœur, encore moins qu'elle était décédée.
Son esprit nous a pourtant communiqué les deux dates, jour, mois et année spontanément sans aucune erreur.

 J'ai regretté que l'esprit de la défunte n'ait pu communiquer avec son frère.
Je sais quel type de message elle aurait délivré : un message d'amour, amour inconditionnel devant lequel on s'emplit d'une énergie extraordinaire, forte et douce à la fois, un bain de bonheur.

 Fasse que cette expérience ait été positive après que l'émotion soit passée.

 Est-il possible que notre compagnon nous ait influencés car c'était le seul à connaître le prénom de sa sœur, sa date de naissance et celle de son décès ?
Y a-t-il eu une forme de télépathie ? Y a-t-il un phénomène d'hypnose du groupe qui se produit dans un moment pareil ?

Quoi qu'il en soit, le phénomène est étrange.

Statues de l'oubli

Abandonnées des hommes aux cœurs de pierre, elles attendent dos à la lumière.

Les regards lointains pétrifiés témoignent de leur passé oublié.

Elles se surprennent encore à croire en leur rêves d'avenir et d'espoir.

Az-zahr, le jeu de dés

S'il est vrai que la probabilité est très faible pour que la vie soit ce qu'elle est, nous pouvons sincèrement remercier l'ensemble des événements qui l'ont rendue possible, même si la cause nous échappe.
Remercier, c'est aussi rendre grâce car la grâce est un remerciement pour bienfait reçu.

Même si elle est inégale, la vie est relativement bien faite. Chaque grain de vie a son rôle à jouer. Je ne parle pas ici de la vie mondaine.

On pourrait dire que rien n'a été laissé au hasard, comme le suggéra Albert Einstein lorsqu'il fit cette affirmation :
« Je ne puis croire que Dieu joue aux dés avec le cosmos ».
Remplaçons les dés par le hasard.

Il n'y a qu'à observer la nature et se rendre compte du fragile équilibre qui unit le minéral au végétal, le végétal à l'animal, comment la complémentarité des éléments fondamentaux, le feu, l'air, l'eau et la terre a pu rendre la vie possible.

Mais voilà ! il y a l'Homme, ni animal, ni dieu. A peine échappe t-il à la condition animale que le voilà qui commande aux différents règnes : minéral, végétal, animal et qui voudrait bien commander aussi à tous ses congénères.

L'Homme a le pouvoir de penser et ce, de manière individuelle. Il peut contrôler ses émotions, ses états d'être. Il peut se contrôler lui même et maîtriser son instinct animal. Ce pouvoir lui est dû grâce ou à cause de son libre arbitre.

Ce qui est regrettable, c'est l'usage qu'il en fait. Il crée et, parce que souvent aveuglé par la cupidité et le désir de pouvoir, il profite de tout sans se soucier des conséquences. Il met en danger le fragile équilibre de la Vie et, peut-être, sera-t-il le seul responsable du commencement de la fin.
L'homme joue aux dés et mise sa vie comme celle des règnes dits inférieurs ; c'est malheureusement en son pouvoir.   Mais son insouciance a des limites.
Depuis la fin du vingtième siècle, il commence à prendre conscience des risques qu'il encourt : il commence enfin à « pré-voir ». Ce sentiment ne concerne pas son seul individu. Il englobe les notions de groupe et de survie, notions si naturellement développées chez les animaux.
Est-ce alors pour l'Homme un avancement ou une régression ?

La providence donne à l'Homme la faculté de prévision. Les conséquences de ses actes sont maintenant accessibles à sa conscience. Désormais il ne pourra donc plus incriminer ou se réfugier derrière le seul hasard.

Sans être fataliste, il est vrai que toute chose est apparemment amenée à disparaître. Le soleil lui même a une durée de vie limitée dans sa propre échelle, ceci est prévu. Et nous savons que la vie telle qu'elle est n'est pas possible sans lui. Il est fort probable que notre destination soit donc la mort.

Il est une règle que l'on retrouve dans les sciences comme dans les enseignements religieux :
toute chose tend à revenir à son état initial.
C'est la roue, le cycle.
Ainsi notre destination est peut-être notre origine.
« Poussière, tu redeviendras poussière ».

D'un point de vue scientifique, la matière naît du Big Bang, fabuleux mystère de la création de l'univers. Si la matière apparaît, elle peut alors disparaître (ou se transformer). Ce qui est prodigieux, c'est cet agencement d'événements qui ont permis à la vie de se développer en systèmes aussi complexes et élaborés. Parmi eux : l'Homme lui-même, cet homme qui s'interroge et tente de trouver une raison à sa propre vie.

C'est sa quête du Graal, la quête de l'unité de l'être avec l'univers tout entier.

Visiteurs

Ma mère nous fit déménager dans un nouvel appartement où ma sœur et moi disposions désormais chacun d'une chambre. Nous avions même pu choisir un ensemble assorti de mobilier préfabriqué qui allait nous accompagner durant notre scolarité.

Le soir, au moment du coucher, ma mère passait nous souhaiter une bonne nuit. Je devais avoir autour de huit ans lorsqu'un soir, après qu'elle ait éteint la lumière et fermé la porte de ma chambre, j'aperçus distinctement deux silhouettes humaines dans l'obscurité.

J'appelai aussitôt ma mère :
« Il y a du monde dans ma chambre. »
Elle entra, alluma la lumière et me fit constater qu'il n'y avait personne, puis repartit comme elle était venue.

Pourtant j'avais bien aperçu deux silhouettes blanchâtres, que je qualifierais aujourd'hui d'ectoplasmes, et bien que je ne les ai jamais revues, je peux encore vous les décrire avec précision.
Il y avait une femme dans une tenue élégante. Bien que je ne distinguais aucune couleur, je peux assurer qu'elle portait une robe d'un style

bourgeois de la fin du dix-neuvième siècle avec une traîne qui remontait sur le postérieur, ce genre de robe qui accentue la taille et qui doit comporter plusieurs jupons. Elle se tenait de trois quart, arborant une ombrelle ouverte.

Bien des années plus tard, j'eus l'occasion de voir une peinture de Henri Gervex, Madame Valtesse de la Bigne. Des frissons m'envahirent devant cette évocation car c'est presque exactement la silhouette que j'avais aperçue enfant ; seule la pause était légèrement différente.

 La deuxième silhouette était celle d'un homme plutôt trapu à la chevelure hirsute. Il paraissait moins grand que sa voisine. Il se tenait de face et semblait être vêtu de vêtements faits de peaux de bête. Ils regardaient tous les deux dans ma direction.

Bien que j'eusse agi spontanément en appelant ma mère, je n'avais ressenti aucune menace de leur part. Ils avaient même l'air plutôt amical.
J'essayai de les apercevoir à nouveau durant une longue période, mais les silhouettes ne sont jamais réapparues.

Qu'avais-je vu réellement ? Des fantômes ?

Mon grand-père paternel me raconta une histoire. À défaut d'être mon grand-père biologique, c'était un grand-père de cœur. Il avait été fait prisonnier pendant la deuxième guerre mondiale et s'était retrouvé en camp de travail dans une ferme agricole pendant près de cinq ans.

Il éveilla l'attention particulière de Jehanne, une femme allemande qui était du domaine agricole. Je les soupçonne d'avoir eu une relation intime car les rares fois où mon grand-père l'évoqua, il en parlait avec un ton particulier. Libéré, il avait par la suite rencontré ma grand-mère qui avait déjà deux jeunes garçons. Il se marièrent et eurent un autre garçon.

Vers mes dix ans, il me fit faire un exercice avec une baguette de sourcier.
Il m'expliqua comment la tenir et me fit parcourir un petit bout de terrain afin que je détermine le lieu d'une source souterraine. J'avançai en zigzaguant quand soudain la baguette se redressa spontanément. Il y avait une pierre blanche d'une bonne taille posée à l'endroit qu'indiquait la baguette. Il m'indiqua que j'avais trouvé l'endroit.

Je lui demandais alors si la pierre posée ne pouvait pas être la cause du mouvement de la baguette, par magnétisme ou un autre phénomène.
Il répondit en souriant que c'est lui qui avait posée cette pierre lorsqu'il avait trouvé la source d'eau pour ne pas avoir à la rechercher à nouveau. Il ajouta qu'il avait été curieux de voir si je réussirais.

Quelques années plus tard, le petit bout de terrain avait été transformé en un petit plan d'eau qu'il avait aménagé et où nageaient quelques poissons et des canards.

Dans les années mil neuf cent quatre-vingt, alors qu'il manœuvrait un petit tracteur sans cabine sur un champ très pentu en face de sa maison, l'engin se retourna sur lui et une plaque de fer qui servait de pare-choc l'empala sur son flanc gauche.

Le champ était isolé, ma grand-mère s'était absentée et il n'y avait personne d'autre pour appeler à l'aide. Il vit ses forces l'abandonner et après un long moment, il se résigna à mourir. L'espace autour de lui avait fait place à un brouillard cotonneux paisible. Jehanne qui était morte déjà depuis de longues années s'avança vers lui. Il ne fut pas étonné de la voir ; tout était dans une étrange normalité. Elle le regarda et dans un allemand que je ne saurai reproduire ici lui dit : « Jean ! Debout ! Ce n'est pas ton heure. »

Il eut alors la force de se désempaler et de ramper jusqu'à la maison, qui fort heureusement était toute proche du champ. Il appela lui-même les secours et fut évacué en hélicoptère. Il survécut.

Par deux fois, il me raconta cette histoire, toujours avec l'injonction de Jehanne en langue allemande avant de me la traduire.

Il disait qu'il ne craignait plus le jour où la mort viendrait le chercher car lors de cet événement, il avait été baigné dans un océan d'amour.

Il vécut encore de nombreuses années.

A t-il vraiment reçu la visite de Jehanne ? Est-ce son esprit qui a façonné cette vision ?

Nous savons que certaines substances peuvent créer des hallucinations. Des études scientifiques ont été faites sur une molécule hallucinogène, la Diméthyltryptamine ou DMT.
Certains chercheurs annoncent que cette molécule pourrait être produite naturellement en très petites quantités par notre glande pinéale et qu'à l'instant de la mort, celle-ci en secréterait une dose plus importante dans le cerveau.
Ce processus rendrait le passage de vie à trépas moins pénible. Pour d'autres, cela expliquerait les sensations vécues par des personnes ayant frôlé la mort.

Il est donc possible que ce soit mon grand-père qui ait lui-même produit la visite de Jehanne et que le sentiment de bien-être dans un océan d'amour soit la conséquence d'une molécule hallucinogène.

D'autres chercheurs confirment les concentrations infimes de cette molécule détectées dans notre cerveau, mais affirment qu'elles ne sont pas suffisantes pour produire des effets psychoactifs. Il y aurait alors d'autres causes alternatives pour expliquer comment le stress et la mort imminente peuvent produire des états de conscience altérés.

Mais qu'en est-il de mes visiteurs ?

Je n'étais pas dans un état de conscience modifiée lorsque je les ai aperçus. Je n'étais ni stressé, ni en état de mort imminente.

Auraient-ils été le fruit d'une imagination infantile ?

Plénitude

Un moment éphémère d'éternité.

Magnétisme

C'est une sorte de jeu. On utilise de préférence une chaîne de poignet ou de cou, et on demande à une personne de présenter sa main gauche, paume vers le haut.

En tenant la chaînette à la manière d'un pendule, on la fait glisser plusieurs fois de haut en bas sur le bord cubital de la main. Puis on la place à la verticale au-dessus de la paume de la main sans qu'elle la touche. La chaînette exécute alors un mouvement de balancier ou un mouvement circulaire. On répète l'opération autant de fois que nécessaire jusqu'à ce qu'elle reste immobile. Le nombre de répétitions indique le nombre d'enfants que la personne est en capacité d'avoir. Un mouvement de balancier indique un garçon, un mouvement circulaire une fille.

On y joue comme on joue parfois à tirer les cartes, puis on se dit que ce n'est qu'un jeu.
Pourtant, il m'a été donné de faire cette petite expérience de nombreuses fois et je n'ai obtenu un résultat erroné qu'à deux reprises.

Je n'ai pas le souvenir de la première fois où j'ai utilisé un pendule mais j'ai à ce sujet plusieurs anecdotes.

J'avais égaré une paire de lunettes de soleil adaptées à ma vue. Après avoir cherché un peu partout, j'interrogeai le pendule. Par un jeu de questions successives, j'obtins un lieu : une salle de réunion en demi-sous-sol dans un bâtiment qui servait de maison témoin à la société pour laquelle je travaillais.

Mais voilà, aucune trace de mes lunettes à l'endroit indiqué. J'affinai mes questions et le pendule acquiesça lorsque je parlai d'une armoire proche d'une fenêtre qui donnait sur le rez de jardin.

Rien pourtant.

Encore quelques questions et mes lunettes devraient être au niveau supérieur de l'armoire.

Rien encore.

Enfin je posai la question : « les lunettes sont-elles dans le bâtiment ? » la réponse fut non. Je me rendis alors aussitôt sur la petite pelouse sur laquelle donnait la fenêtre du sous-sol, donc à hauteur du dessus de l'armoire, et je retrouvai là mes lunettes.

Une autre fois, alors que nous devions partir pour quelques jours de vacances avec ma première épouse, mère de nos deux enfants, et comme nous l'avait indiqué par ailleurs la chaînette, nous décidâmes d'aller camper dans un lieu tranquille, si possible pas trop éloigné afin de limiter les temps de transport.

 Je pris donc une carte de la région et la limitai à un rayon de kilomètres relativement réduits. J'interrogeai le pendule. En partant d'un point aléatoire sur la carte, je lui demandai une direction et la traçai. Une deuxième direction en partant d'un autre point et je définis le point d'intersection des deux lignes tracées. Bien que la probabilité eût été très faible, l'intersection indiqua un petit village.

J'appelai alors la mairie qui nous confirma qu'elle possédait un tout petit camping municipal de quelques emplacements ; il fût le lieu de notre séjour.

 L'année suivante, même opération, nous tombons sur un lieu en Ardèche proche d'une rivière et en dehors de toute agglomération. Cependant en appelant le bourg le plus proche, nous obtenons le numéro de téléphone d'un camping se situant à l'extérieur du village et à proximité de la rivière. J'appelle et fais une réservation.

Lorsque nous y arrivons et après avoir rempli le formulaire de séjour, le responsable me demande comment nous avons trouvé son camping. Mon épouse me lance un regard et esquisse un sourire, et je réponds que c'est par pur hasard.

Il me dit alors que c'est bizarre car le camping ne fait aucune publicité et que nous avons une chance inouïe car le camping est habituellement toujours complet, les vacanciers étant des habitués ayant le même emplacement depuis des années.

Il ajoute que par un heureux hasard, les dates de notre demande correspondent exactement à la vacance d'un emplacement d'un habitué.

Bref, non seulement le lieu existait mais encore les dates correspondaient au jour près.

Peut-on parler de hasard ? Ou...

J'ai toujours un doute lorsque j'utilise un pendule car il est très facile d'influencer les réponses.
Je m'applique alors à ne pas bouger la main et parfois j'utilise l'autre pour stabiliser le poignet.
Mais les résultats sont troublants.

Une fois, par téléphone, j'aidais même à retrouver des clefs égarées...

Petit à petit, j'ai aussi appris à me servir du pendule pour une quête plus personnelle.

Reflet de lune

J'ai voulu percer les mystères des galaxies.
J'ai voulu tout comprendre des étoiles
comme des soleils.

Une nuit, j'ai réalisé que les lumières qui
nous parviennent ne témoignent que de
leurs lointains passés oubliés.

Alors les nuages se sont écartés et le reflet
argenté de Dame la Lune a scintillé de son
plus bel éclat.

Le temps s'est arrêté un éphémère instant,
juste le temps d'apprécier les secrets, qui
n'en sont pas, de l'univers entier : il était
temps de me tourner vers mon présent.

Quête intérieure,
vers la connaissance de soi.

Connaître : (latin) Cognocere, de Cum et Nacere, naître avec.

Hologramme : (grec) Holos, entier. Cliché photographique transparent restituant une image en relief de l'objet photographié.

L'hologramme possède une autre particularité : l'image est composée de tous les points de l'hologramme, mais chaque point de l'hologramme contient l'image toute entière.
Si l'on brise l'hologramme en plusieurs morceaux, chaque morceau restituera l'image entière : c'est prodigieux !

Comme l'hologramme est une réalité physique, il existe donc un objet que l'on peut diviser, couper en petits morceaux, capable de restituer son image dans son entier, petite preuve matérielle qu'un tout, composé du multiple, peut être unité. Ce qui est en haut serait donc comme ce qui est en bas.

Il en est de même pour la Quête : une étude sur soi peut nous ouvrir sur le monde qui nous entoure, une étude sur le monde peut nous permettre une meilleure compréhension de soi et de la nature humaine.

Ainsi pour un apprenti quêteur, il est un point simple de départ très accessible : soi-même.

Chacun de nous a au moins un prénom, voire un nom. Et même si nous ne connaissons pas nos parents, nous connaissons tout ou partie de la suite des événements qui nous ont conduit au fil du temps, jusqu'à ce que nous sommes aujourd'hui.

Nous avons notre propre personnalité et notre propre perception des choses comme nous avons nos propres convictions. Elles ont été forgées lentement avec le souffle du temps qui, tel un forgeron, a alimenté sans relâche le feu de la forge. A partir de notre matière de base, nous avons été façonnés par la somme des événements vécus : éducation, études, apprentissages, découvertes, rencontres, y compris les événements moins heureux : déceptions, divorces, accidents, disparitions, décès.

L'alchimie de cette image est que le façonné est en partie lui-même forgeron. La propre image du façonné est ponctuelle et inachevée : demain, elle pourra être différente d'aujourd'hui dans la forme comme dans le fond.

De tous les événements qui nous ont forgés, certains étaient sûrement maîtrisables. Nous avons ainsi pu décider de prendre telle ou telle direction. Peut-être que si nous en avions choisi une autre, nous serions différents aujourd'hui. C'est bien en cela que le façonné est lui même forgeron.

Il y a aussi les autres événements non contrôlables, impromptus, parfois très difficiles à vivre, ceux qui nous paraissent tomber fatalement sur nous, ceux que l'on attribue au Destin, au Karma ou autre encore.

Une meilleure connaissance de soi permet une meilleure compréhension des autres et nous renseigne ainsi sur le monde extérieur.

Le plus intéressant dans cette quête intérieure est l'étude des changements de comportements, d'idées ou de convictions, parce que l'on peut s'apercevoir que le changement est possible. Nous ne sommes donc pas une forme figée : la forge n'a pas encore rendu son ouvrage.

Le façonné peut encore agir sur le forgeron, s'il prend conscience de ce qu'il est et accède à la connaissance de soi.

Socrate n'a t-il pas écrit :
« Connais toi toi-même et tu connaîtras l'univers des Dieux ».

Une renaissance est alors possible tant que la forge fonctionne, tant que le feu, qui n'est pas ici créateur mais aide à la création, le façonné et le forgeron ont encore à faire ensemble.

Animal Totem

Lorsque j'étais enfant, j'aimais comparer le physique des gens avec celui des animaux. J'observais les personnes que je croisais et les imaginais en animal. Une ressemblait à un cheval, une autre à son chien, une autre encore à un oiseau.

Petit à petit, j'ai imaginé que chaque personne possédait un animal totem.

J'ai eu du mal à définir le mien car les pistes me menaient sur des voies très différentes jusqu'à ce que je m'interroge sur la possibilité, à l'instar des signes astrologiques, de posséder un animal totem principal avec un ou plusieurs ascendants.
Cette question m'a permis de trancher le doute que j'avais et mon animal totem s'est alors révélé à moi comme une évidence.
Un jour, alors que nous évoquions ce sujet entre amis, nous tentâmes de trouver l'animal totem d'une amie qui n'arrivait pas à définir le sien.
Je proposai une petite méditation dans une ambiance silencieuse afin que nous nous concentrions sur l'animal qu'elle pouvait être.
Pour ma part, je vis un petit animal que je n'arrivai pas à définir, plus petit qu'un chat et avec un pelage de la couleur du renard.

J'interrogeai l'autre participant qui avait aussi beaucoup de mal à définir ce qu'il avait entraperçu ou imaginé. Nous donnions nos indices : « Petit ; roux ...». « De la taille d'un petit furet » ajouta t-il. Aussitôt l'amie en question nous interrompt : « Vous n'allez pas me dire que c'est un écureuil ? » Les regards se croisèrent car cela pourrait en effet être ce que nous avons vu.

J'interrogeai alors mon amie : « Que fait un écureuil ? »

Et vous, quelle réponse donneriez-vous ?

Notre amie nous répondit spontanément qu'il bougeait tout le temps et qu'il ne pouvait jamais rester en place parce qu'il avait peur des prédateurs comme de ses congénères qui pouvaient lui voler sa nourriture.

Elle ne dit pas qu'il sautait de branche en branche et faisait des provisions, comme répondrait un grand nombre de personnes. Non ! Elle nous donna spontanément les raisons pour lesquelles c'était un animal toujours en mouvement.

Nous conclûmes que son animal totem était bien l'écureuil.

C'est à l'âge adulte que j'ai pu définir mon animal totem. C'est un félin que je n'ai pas toujours réussi à définir, entre le puma, le cougar, la panthère ou le léopard, ou encore le jaguar.

Depuis mon plus jeune âge, j'ai rencontré des difficultés avec les chiens. Ma famille en a possédé et je n'ai jamais eu de problème particulier avec eux, sauf avec le boxer de mes grands-parents paternels qui me faisait peur car il était aussi grand que moi lorsque je devais avoir quatre ou cinq ans. Si je n'ai pas eu de problèmes particuliers avec ceux de ma famille, c'est avec les autres que j'ai connu bien des difficultés.

Un jour la petite chienne d'un de nos voisins me mordit spontanément la cuisse alors qu'avec un petit groupe d'enfants du quartier nous passions à proximité. Un autre chien, boxer lui aussi, me prit pour cible parmi tous les enfants du quartier qui jouaient ensemble. Il me fallut me réfugier sur un jeu de jardin d'enfants qui était à proximité.

J'en ai déduit qu'il était normal que les chiens ne m'aiment pas, s'ils s'amusaient eux aussi à me voir en animal totem.

Encore…

Avec ma première épouse, alors que nous n'étions pas encore mariés, nous avions un petit chien que nous promenions le soir le long du chemin qui menait à la petite résidence où nous louions un appartement.
Le long de ce chemin se trouvait une maisonnette avec un jardinet d'un homme malheureusement alcoolique qui possédait un berger allemand mâle.

Le chien était lunatique comme son maître. Lorsque ce dernier était sobre, le chien était plutôt gentil. Mais lorsque le maître était dans un état moins convenable, celui-ci devenait plutôt agressif.

Plusieurs soirs par semaines, je me rendais dans un club où je suivais des cours d'Aïkido, art martial japonais. Le club étant à proximité, je m'y rendais à pied en passant devant le jardinet et vérifiais que le portail était bien fermé ou que le chien était bien attaché à sa longue corde.

Un soir alors que nous rentrions à l'appartement, nous lâchions notre petit chien qui avait l'habitude de faire ses besoins derrière les petits buissons qui bordaient le chemin. Le chien du voisin surgit soudainement en se jetant sur le nôtre. J'eus la réaction de crier « Couché ! » de toutes mes forces si bien que j'eus une extinction de voix par la suite. Le berger allemand se tapit au son de ma forte injection et le voisin récupéra son chien qui avait eu le temps de mordre le nôtre et de trouer la peau de son cou avec un de ses crocs.

Il nous fallut déposer une plainte qui fut enregistrée comme main courante, le chef de poste nous indiquant que le problème était récurrent et qu'il allait y remédier.

Quelques temps plus tard, étant rentré déjeuner à l'appartement pour le repas de midi, j'avais garé ma voiture sur l'avenue principale par commodité et avais parcouru le chemin de la résidence à pied, non sans avoir vérifié que le portail du voisin était fermé et que le chien était attaché.

 À l'heure de repartir, j'aperçois le portail ouvert. Après un coup d'œil par dessus le muret, je vois le chien attaché. Rassuré, je poursuis alors mon chemin.
Après avoir parcouru une vingtaine de mètres, intuitivement, je me retourne et vois le berger allemand courir vers moi, sa longue corde attachée d'un côté à son collier mais l'autre, désespérément libre et traînant derrière lui.
 « Couché !» comme la fois précédente,
mais cette fois le chien poursuit sa course vers moi.

Je détalle et atteins l'avenue principale.

Là ! un poteau électrique, j'y saute, grimpe et m'y réfugie. Le chien est en bas et aboie ; un passant, interloqué, me regarde. Le maître appelle son chien et lorsqu'il s'éloigne, je peux descendre.

 L'histoire se termine à nouveau au poste de police. Nous ne revîmes plus le chien ni son maître.

Jeune adulte, je commençai à dompter mon animal totem.

Je pratiquais régulièrement la course de fond en tant qu'amateur sur une distance de dix kilomètres.
La distance variait cependant selon les parcours que j'empruntais car je préférais courir dans les parcs ou dans la campagne environnante plutôt que sur une piste d'athlétisme.

J'adoptais un rythme de respiration assez lent, une inspiration sur cinq ou six foulées et une expiration sur plus d'une douzaine. Cela avait pour effet au bout des premiers kilomètres de me plonger dans un état second que je qualifierais de « Yoga en mouvement » et j'avais l'impression de courir au ralenti tout en me déplaçant rapidement.

Un jour, alors que j'étais dans cet état depuis un moment, je me surpris à penser que j'étais un jaguar qui courait. Je visualisais mes jambes comme étant les pattes de l'animal et chose paradoxale, mes jambes étaient à la fois ses pattes avant et ses pattes arrière.
Tout en gardant le rythme de ma respiration, je retroussais mes babines, du moins le coin de mes lèvres, et laissais entrer un filet d'air par la bouche. Durant un long moment je me suis laissé penser que j'étais l'animal.

L'expérience fut très plaisante.

Face à soi

Au-delà des songes, au delà de l'illusion,
la vie s'efface laissant place à l'âme nue.

Dépourvue de la carapace de l'être qui l'a
hébergée, elle ne renvoie plus que sa
propre image.

Le temps se fige sur le bilan,
Inutile de se mentir maintenant.

Lâcher-prise

Après le divorce de mes parents, ce n'est que lorsque que ma sœur cadette eut atteint l'âge de six ans que nous commençâmes à partager les vacances d'été entre ma mère et mon père qui était parti travailler en Espagne.

Les vacances d'été étaient les seules occasions de le voir, hormis quelques très rares autres fois qui peuvent se compter sur les doigts d'une seule main dans toute notre jeunesse. Autant son travail était très formel et sa vie très mondaine, autant pendant ses congés il aimait revenir à une vie plus proche de la nature et nous allions souvent camper ou pique-niquer dans les montagnes proches de Madrid.

À une occasion, nous nous rendîmes dans un endroit isolé proche d'une petite rivière qui serpentait entre de gros rochers en contre-bas. Pendant que mon père préparait le feu pour les grillades, je m'aventurai dans les alentours et voulus me rapprocher du cours d'eau.
Le terrain était très escarpé et je recherchais désespérément une voie d'accès. C'est alors que j'aperçus une paroi verticale qui surplombait la rivière et qui paraissait me permettre de pouvoir y accéder par l'autre coté. Il y avait deux rainures horizontales naturelles piles à ma taille d'enfant

qui parcouraient la paroi rocheuse et qui me serviraient de point d'appui pour les pieds et de prises pour les mains. Je m'y aventurais en mode escalade.

Je pouvais apercevoir la rivière en contre-bas, à quatre ou cinq mètres en dessous, ainsi que les gros cailloux et les rochers que l'eau contournait nonchalamment. J'étais conscient que si je perdais l'équilibre ou si mes pieds venaient à glisser, une chute périlleuse serait inévitable.
Cela ne m'inquiétait nullement et je décidais de continuer d'avancer.

La progression devenait de plus en plus difficile, la rainure qui me servait de prise pour les mains s'estompait pour disparaître presque totalement dans la masse rocheuse de la paroi. Je tentais alors de faire marche arrière mais je n'y parvenais pas. Sans pouvoir continuer à avancer ni revenir en arrière, j'étais piégé.

J'aurais pu appeler à l'aide mais je n'en fis rien. Etait-ce par peur de me faire gronder par ce père que je ne connaissais en fait que peu ?
Ou était-ce parce que j'étais trop fier pour appeler à l'aide ?
Je décidais d'agir seul.
Comme je n'avais aucune autre issue, j'envisageais de me laisser tomber dans la rivière, non sans évaluer les conséquences possibles. Je savais qu'il

était possible de mourir en me fracassant la tête contre les rochers.

J'évaluais mes chances de survie : elles étaient presque nulles. Mes forces s'amenuisaient et je ne pouvais quasiment plus me tenir agrippé à la paroi. Résigné à mourir, mais sans peur particulière, je lâchais prise, au sens propre comme au sens figuré. J'étais prêt à mourir et me laissais tomber à la renverse.

Je n'avais pas vu que j'avais atteint une petite corniche qui se trouvait juste en dessous de ma position, à quelques dizaines de centimètres, et suffisamment large pour accueillir mon corps d'enfant. j'y tombais en arrière et ma tête heurta violemment le sol de la corniche.
Je m'en voulus de ne pas avoir vu cette corniche salvatrice car j'aurais très bien pu m'y réceptionner sans difficulté particulière si je ne m'y étais pas laissé tomber à la renverse.

Quel idiot j'étais ! Et quelle chance j'ai eu !

M'en tirant avec une forte douleur et du sang sur l'arrière du crâne à l'endroit de l'impact, j'étais tout de même heureux d'être encore en vie.
Il nous a fallu interrompre le pique-nique et redescendre vers le village le plus proche pour trouver un médecin qui ne constata aucun dommage inquiétant. Nous pûmes terminer la journée telle que prévue.

Big Bang

Après avoir terminé mon service militaire, je décidais de prendre une colocation avec un ami qui poursuivait ses études dans une ville voisine. C'était pour moi l'occasion de prendre de la distance avec le cocon familial et de digérer l'année passée sous les drapeaux.

Cette période de service militaire fut en effet l'occasion de me confronter à la nature de l'Homme et à ses dérives. J'y ai vu des camarades se transformer en petits chefs égotiques après avoir été promus à un grade de caporal, de jeunes officiers flirter avec la stupidité, des militaires de carrières sans ambitions que je qualifierais de «planqués» et satisfaits de se laisser vivre, des officiers frustrés emplis de méchanceté et de rancœur.

J'ai fait tout de même quelques rares et belles rencontres parmi les appelés et les officiers. Cependant le bilan fut nettement négatif et j'avais besoin de me recentrer sur l'être que j'étais et d'envisager celui que je voulais devenir.

J'entamais une quête intérieure.

C'est à cette période que je m'intéressais au bouddhisme, au Zen, au chamanisme et à d'autres philosophies. Entre fêtes d'étudiants et missions de travail intérimaire, je prenais du temps pour la méditation, la lecture et la réflexion.

C'est aussi à cette période que je prenais conscience de mon animal totem.

Un soir, alors que je venais de regagner ma chambre après une soirée entre amis, je vécus une drôle d'expérience.
Sans avoir cherché à le provoquer, j'entrai dans un état que l'on pourrait qualifier d'état de conscience modifié. Je ressentis comme une explosion cérébrale. J'eus la sensation que ma conscience avait explosé en des milliers de bribes de pensées qui s'étaient éparpillées comme on pourrait disperser les morceaux d'un puzzle en renversant sa boîte sur une table.

Les pensées étaient comme coupées en petits bouts, comme si on avait voulu les disséquer pour mieux les étudier.

Malgré cet éparpillement, tous les morceaux étaient clairement reliés, comme si tous les événements de ma jeune vie s'imbriquaient et se conjuguaient parfaitement.
Du plus ancien de mes souvenirs à mes plus récentes recherches ésotériques, tout était d'une évidence absolue.
J'avais la sensation de comprendre instinctivement un dialecte inconnu qui se révélait spontanément.

Pendant ces quelques secondes de Big Bang intérieur, je ressentis un sentiment paisible de grâce.

Illumination ?

Quelque chose venait de s'opérer en moi.
Le puzzle instantanément reconstitué, j'avais le sentiment que quelque chose avait changé en moi et que mon regard sur la vie en serait à jamais modifié.

C'est lors de cette expérience que la notion de Karma s'imposa à moi. Il était évident qu'il ne me faudrait pas en créer de mauvais.

En mon for intérieur, je pressentais que, tout au long de ma vie, il me faudrait faire mes adieux.

Le Labyrinthe
ou le mythe du Minotaure

Mythe : récit fabuleux ou allégorique, récit populaire ou littéraire mettant en scène des êtres surhumains et des actions imaginaires, dans lesquels sont transposés des événements historiques, réels ou souhaités, ou dans lesquels se projettent certains complexes individuels ou certaines structures sous-jacentes des rapports familiaux.

Allégorie : fiction ayant pour but d'évoquer par des images concrètes une idée non exprimée.

Fabuleux : qui tient de la fable, imaginaire, prodigieux

Prodige : chose extraordinaire, miracle.

Miracle : fait surnaturel produit par la puissance divine.

   A priori, un mythe est un récit imaginaire tenant de la fable et n'a rien de réel.
A moins qu'il n'exprime une idée non exprimée mais bien réelle, quelque chose qui nous échappe donc, puisque nous ne pouvons pas la reconnaître ou la nommer.
Il n'y a qu'un pas pour l'attribuer à Dieu.

D'origine grecque, le mythe, mûthos, signifie légende, du latin legenda qui peut être traduit par « qui doit être lu ». L'étymologie nous ouvre alors une autre porte : le mythe doit être lu, c'est un récit allégorique qui doit être conservé, même si le message de vérité qu'il possède nous échappe.

Lire c'est aussi interpréter. Peut-être serait-il souhaitable, faute de preuve irréfutable, de ne pas prendre à la légère certains mythes ?

Celui du Labyrinthe est particulièrement intéressant, non pas parce que ce Minotaure à tête de taureau rappelle Horus et Anubis, avec leur tête respective de faucon et de chacal, mais pour le symbolisme que peut représenter le labyrinthe construit par Dédale.

La quête intérieure suit parfois un dédale de chemins traversant nombre de labyrinthes.
Il y est tellement facile de s'y perdre, d'oublier son chemin ou le pourquoi du cheminement.

Oui ! l'oubli est le propre de l'homme, il serait la cause de ses égarements.

Oublier, c'est rompre son fil d'Ariane, celui que je déroule moi-même lorsque je m'aventure plus en avant vers Destin, Hasard ou Fatalité.
Le Minotaure n'est plus qu'alors ma propre angoisse, la peur du lendemain, jour où je

trouverai peut-être quelque chose d'important ou de si vrai qu'il coupera à jamais mon fil de retour et me propulsera plus en avant sans savoir si ce pas supplémentaire pourra m'être bénéfique ou fatal.

Le Minotaure est mien, tout comme le sont mes peurs.
Si j'ai du mal à les contrôler, c'est peut être que je ne me contrôle pas entièrement, que je ne me contrôle pas de tout mon être.
Je lui donne ainsi vie en esprit mais pourtant, je me surprends à le craindre physiquement et à redouter ma rencontre avec lui.

Pour peu, me stressant moi-même, je pourrais à l'extrême stigmatiser quelques troubles du comportement ou encore quelques problèmes importants, physiquement parlant.

Je fuis et m'aventure parfois dans une succession de labyrinthes imbriqués, peut-être eux-même habités, dont une seule vie ne suffira décidément pas à sortir.

Je me perds, alors que ma seule destination possible est ma rencontre avec le Minotaure :
il est lui-même la fin du labyrinthe, une porte, la sortie, l'ultime issue.

Ai-je conscience que derrière elle se trouve peut-être la Forge ?

Une simple prise de conscience peut abattre bien des portes et permettre de s'élever assez haut pour voir plus loin, bien au-delà de l'horizon, cette barrière fictive que l'on a pourtant nommée et qui limite dés lors notre pensée.

Mystère : (latin) mysterium, (grec) mustês, initié. Antique doctrine, culte secret. Ensemble de doctrines ou de pratiques que doivent seuls connaître les initiés. Vérité de foi supérieure à la raison, toute chose inaccessible à la raison.
Faire mystère : tenir secret.

Conscience : (latin) conscientia. Connaissance de soi. Perception plus ou moins claire des phénomènes qui nous renseignent sur notre propre existence . Sentiment inné du bien et du mal, sentiment du devoir, moralité . Conscience psychologique : connaissance des phénomènes affectifs, intellectuels et volitifs qui se passent en nous. Conscience morale : sentiment intérieur par lequel l'Homme se rend témoignage à lui-même du bien et du mal qu'il fait.

Inné : (latin) In, dans et Natus, né. Que nous apportons en naissant. Des innées : idées qui selon certains philosophes ne proviendraient pas de l'expérience mais seraient en notre esprit dès notre naissance.

Equilibre

Fragile équilibre, fragile et en équilibre est le chemin de la connaissance de Soi.

Tel un équilibriste avançant sur son fil, le chemin de la vie nous invite à ne pas nous arrêter. C'est l'équilibre instable qui nous maintient sur le chemin. A tout moment il peut être rompu. Il n'y a alors aucune certitude ni aucun répit.
Être immobile, c'est risquer de tomber.
Il faut alors être présent dans le présent qui n'est plus puisque toujours vers l'avant.

Chaque pas est une victoire sur soi, un instant plein et magique, un instant éphémère et intense.

Fragile et en équilibre est le chemin de la connaissance de soi.

Gardons le cap !

Jeu des possibles

C'est lors des vacances d'été que mon père m'initia au jeu des Échecs.

En Andalousie, l'heure de la sieste était un moment privilégié pour nous occuper lorsque la chaleur était à son apogée. Nous profitions ainsi de la fraîcheur naturelle de la maison dont le rez-de-chaussée avait de vieux murs de près d'un mètre de largeur pour la partie la plus ancienne et systématiquement peints à la chaux, ce qui donne cette couleur blanche caractéristique des maisons traditionnelles. Nous appréciions particulièrement ces moments à une époque où la climatisation électrique n'était pas démocratisée.

J'appris dans un premier temps à déplacer les différentes pièces du jeu. Puis vint le temps des premières élaborations de stratégies. Afin de me motiver, mon père introduisit un système de paris d'argent de poche.
Je misais un douro, une pièce de cinq pesetas, à cinq contre un. Ainsi si je gagnais, j'emportais cinq douros, ce qui était une belle petite somme pour un jeune enfant, me permettant de m'offrir bonbons, graines de tournesols salées ou maïs grillés, comme on en trouvait sur le petit étal d'une

vieille voisine qui devait arrondir ainsi ses fins de mois.

Au fur et à mesure de mon apprentissage et plus je progressais, plus la côte des paris baissait jusqu'à atteindre un contre un. Puis, remportant de plus en plus de parties, nous décidions de ne plus jouer que pour le plaisir.

Le jeu des Échecs offre de nombreuses possibilités de stratégies. L'étude des multiples possibilités d'attaque et de défense nous invite à envisager toutes, ou à défaut une grande majorité des options, vérifier leur réalisation, en se plaçant de son propre point de vue comme de celui de son adversaire.

C'est comme dans la vie ordinaire, il y a ce que l'on peut prévoir, ce que l'on peut envisager, ce que l'on met ou peut mettre en œuvre et ce que nous n'avions pas vu arriver.

On peut foncer tête baissée, hésiter, renoncer ou oser.

Quête et Bien-Être

Partir en quête,
cheminer, découvrir, s'ouvrir, rencontrer,
apprendre, comprendre, partager,
emplir son cœur et son âme.

Se reconnaître.

Être,
être bon, être généreux et bienveillant,
être bien.

Bien-être.

Vies antérieures

De nombreux ouvrages abordent ce sujet et nombreux furent de mes lectures.

N'excluant pas l'existence d'un tel phénomène, tout en émettant de nombreuses réserves et ce afin d'étudier toutes les possibilités, je m'y intéressais de plus près. J'excluais les nombreux témoignages de Bonaparte, Cléopâtre, rois et princesses que certains revendiquent avoir été car, en étant raisonnable et toujours dans l'hypothèse où la réincarnation existe, il est quasiment improbable d'avoir été un illustre personnage.

Il peut être rassurant de croire en la réincarnation car cela suppose une vie après la mort et permet d'envisager cette dernière plus sereinement.
Des personnes sensées et cultivées ont adopté cette croyance. Certains même ont eu accès à des souvenirs d'outre-tombe par différents procédés comme l'hypnose, le rêve, la méditation, un état de conscience modifié ou par d'autres procédés encore.

Il existe peut être un phénomène cérébral qui influence notre perception, libère notre imagination et favorise nos convictions.

Croire en la réincarnation est du même ordre que croire en Dieu, au magnétisme, aux fantômes ou aux esprits.

L'homme est majoritairement croyant.
Ne jugeons pas, chacun est libre de croire en ce qu'il veut, même si nous estimons qu'il se trompe.

Je me suis interrogé sur la possibilité d'une explication alternative. Est-il possible que des mémoires résiduelles emprisonnées existent dans un lieu, une pierre ou un arbre et que par une sensibilité particulière nous puissions les ressentir puis les interpréter comme souvenir personnel ? Possédons-nous de telles mémoires dans nos gènes ou notre ADN qui ressurgissent lorsque les conditions de leur lecture sont réunies ?

Pour ma part, je supposais le phénomène plausible. A l'aide de mon pendule, j'envisageais une mémoire commune avec ma première épouse. J'obtins quelques réponses : Autriche, deuxième moitié du dix-neuvième siècle, je suis une femme mariée à un homme qui sera mon épouse dans cette vie actuelle ; les rôles sont donc inversés.

Je suis morte jeune laissant un jeune veuf qui aura l'occasion de se remarier et vivre une relation intense avec sa deuxième épouse. Ils souhaiteront ne pas se quitter dans l'au-delà.

Les deux êtres se retrouvent alors dans cette vie en tant que sœurs jumelles, ce qui favorise indéniablement leur proximité.

Je rencontrai à l'occasion d'un entretien d'embauche un employeur qui allait vite devenir un ami proche. Nous avions l'impression de nous connaître depuis toujours. Il était intrigué par les vies antérieures, le pendule, le tarot divinatoire et par bien d'autres phénomènes que l'on qualifie de paranormaux.

Un jour nous entamâmes une recherche à l'aide d'une séance avec le pendule. Nous aurions été amants dans une vie antérieure où j'avais là aussi le rôle de la femme.
Nous obtenions une réponse concernant une date, mais la réponse se composait de cinq lettres :
« M E S O L ».
C'est ainsi que nous découvrîmes le terme mésolithique dans la petite encyclopédie que je possédais. Nous étions à l'époque des petits groupes de chasseurs-cueilleurs.

Je rencontrai celle qui serait ma deuxième épouse lorsque j'étais vacataire d'un cours d'Aïkido dans le cadre du service universitaire des sports.

Je sympathisai avec elle sans arrière-pensée d'autant que je venais d'avoir mon deuxième enfant.

Élève parmi les autres qui formaient un petit groupe de pratiquants assidus, elle partit vers la capitale après deux ou trois saisons de pratique, puis revint dans la région et s'inscrivit dans l'un de mes clubs.

Alors que je m'éloignais de ma première épouse, l'occasion de tisser des liens plus étroits, en tout bien tout honneur, se présenta. Un jour, alors que nous allions boire un verre ensemble, le constat d'une attirance réciproque s'imposa à nous.

Elle me raconta un rêve : Jeune femme sortant de l'adolescence dans une autre vie, elle a la garde d'un enfant en bas âge. Ayant besoin d'aller au ravitaillement dans une des échoppes de la rue du quartier, elle décide de laisser l'enfant qui dormait dans son landau. La course ne durerait qu'un bref instant et le grand chien des propriétaires de la maison en assurerait la protection.

Dans son rêve, elle s'absente donc puis revient sans perdre de temps. A son retour, le rêve tourne au cauchemar ; le chien s'en était pris au nourrisson ne lui laissant aucune chance de survie.

Au fur et à mesure qu'elle me racontait ce rêve, je ressentais en moi la mort du jeune enfant comme si je l'avais vécu moi-même.

Je la revivais.
J'étais l'enfant.

J'avais vécu cette mort dans une vie antérieure qu'elle avait revu en rêve à plusieurs reprises.

Elle témoigna du sentiment ressenti de tristesse et de culpabilité mélangées. Elle savait que l'enfant était un être particulier, il était un être précieux à son cœur.

Une mort aussi affreuse justifierait aussi ma difficulté avec les chiens. Je me décidais à rechercher des traces d'une autre vie antérieure que nous aurions pu partager.

J'en trouvais !

Je vous l'ai déjà conté. C'est l'histoire d'Igraine et Hildebert. J'étais Igraine, elle était Hildebert. Nous avions déjà eu des vies écourtées.

Que nous réserverait celle-ci ?

Cartes et Divination

Ne vous êtes-vous jamais fait tirer les cartes ou le Yi-King ? Même pour « rigoler » ?

J'ai commencé à tirer les cartes sans aucune formation préalable. Je fus surpris de voir que les cartes me « parlaient » vraiment. Elles se reliaient entre elles comme les bribes de ma pensée s'étaient imbriquées lors de mon expérience d'illumination et semblaient me raconter une histoire. Mais peut-on y voir l'avenir ?

Je répondrais en vous racontant une histoire qui est vérifiable auprès de mon ami du temps du mésolithique. Étant devenu un ami, et non sans garder une relation hiérarchique dans notre travail, je fus invité à un repas chez lui auquel il avait convié un couple de ses connaissances.

Il oriente la discussion vers la divination par les cartes et propose, sans mon accord préalable, que je leur tire les cartes après le repas. Malgré le scepticisme des concernés, j'acceptais.

Les cartes me racontèrent une drôle d'histoire. Le mari rencontrait des difficultés dans son travail et perdait son emploi. Il en retrouvait un autre mais devait déménager, son épouse abandonnant le sien pour le suivre.

De toutes apparences, les choses se dégradaient dans son nouvel emploi qu'il devait quitter. Puis il devait encore déménager pour un autre travail, toujours suivi par son épouse contrainte de démissionner à nouveau. L'histoire se répétait, ce qui était assez intriguant.

J'étais surtout gêné de leur annoncer des nouvelles aussi mauvaises. Je leur indiquais ma gêne et me justifiais du fait que je ne faisais qu'interpréter le message délivré par les cartes. Ni l'un ni l'autre n'avait l'air surpris ou affecté. Je continuais la séance mais les nouvelles cartes tirées restaient totalement muettes. Je m'excusais auprès d'eux de ne pas pouvoir aller plus loin.

Ils m'annoncèrent alors qu'ils étaient très étonnés et perplexes car je venais de leur raconter dans l'ordre chronologique exact ce qu'ils avaient vécu les deux dernières années passées. Faute de lire leur avenir, j'avais vu leur passé.

Sceptiques, ils suspectèrent que notre hôte m'avait briefé et que j'avais tout simplement suivi ses directives.

Mon ami et moi-même savions qu'il n'en était rien.

Dans notre espace-temps, le passé est dépassé.

Il peut être sujet à l'oubli, à l'enjolivement ou à la négation.
Le futur, quant à lui, n'est pas écrit ; il reste inscrit dans un jeu des possibles.

Si le passé ne peut plus être changé, le futur peut l'être encore par le présent, présent qui sera le futur passé.

Parfois le futur est déjà écrit. Certains événements deviennent inévitables car, comme pour le jeu des Échecs, ils sont le résultat d'une partie déjà engagée.

« Mais difficile est de voir le futur, car toujours en mouvement il est. »

Lors d'une séance de spiritisme en Espagne, nous nous étions amusés à demander à un esprit les numéros gagnants de la loterie nationale.
Il nous avait répondu : « Date de votre mort ? ».

Nous en restions là et plus personne n'interrogea sur l'avenir .

L'ennemi vient de l'intérieur

 Nous sommes tous des êtres malvoyants et malentendants. Nos sens ne nous permettent pas de tout voir.

Nous sommes aveugles aux infra-rouges, aux ultra-violets, aux ondes radios comme aux micro-ondes. De nombreuses fréquences ne sont pas perceptibles par le sens de la vue.

Il en est de même pour les sons : nous n'entendons pas toutes les fréquences.

Nos sens sont limités. Nos sens nous limitent dans notre perception.

Devons-nous rester pour autant des êtres aveugles et sourds ? Ne pouvons-nous donc pas percevoir par d'autres sens ?

 Notre cerveau est le centre de traitement de toutes les informations que nous percevons. Ce que nous voyons, ce que nous entendons, ce que nous touchons, ce que nous goûtons, ce que nous humons est interprété par notre cerveau. Toutes les informations sont décodées par notre cerveau. Nous lui faisons confiance pour analyser, mettre en mémoire ou pour oublier ce qui doit l'être.

Nous lui faisons confiance pour réfléchir comme pour raisonner, pour se remémorer ou imaginer. Notre mental y siégerait en maître.

Pourtant refoulées, oubliées ou dissimulées, certaines informations influent sur notre être et sa manière d'être. Cachées dans l'inconscient ou le subconscient, elles s'insinuent dans notre manière de raisonner et de penser, dans nos choix, nos décisions, nos actions.

Nos capacités à appréhender, analyser, comprendre sont dépendantes de notre cerveau et de notre mental.

Nous ne comprenons que ce que nous pouvons comprendre. Nous ne pouvons comprendre que ce qui entre dans notre capacité de compréhension. Tant que notre capacité reste limitée, tout le reste nous échappe.

Entendez-vous raison ? Vous ferez-vous une raison ou tenterez-vous d'avoir raison de ce fait ?

À défaut de comprendre que nous sommes des êtres limités par nos perceptions et nos capacités, il est temps d'entrer dans un âge de raison, un âge de conscience et de comprendre que notre propre conscience est limitée.

Explorons nos sens !

Goûtons la lumière, regardons les sons, entendons la matière, touchons les saveurs, humons les goûts. Percevons par nos intuitions. Ressentons intuitivement sans passer par le filtre de notre mental.

Tant que nous plaçons une totale confiance dans notre conscience, nous sommes nous-même ce qui nous empêche de voir sans regarder, d'entendre sans écouter, de palper sans toucher, de savourer sans goûter, de sentir sans humer.
Car nous pouvons percevoir sans analyser comme nous pouvons nous connecter à la nature vraie sans la déformer par le filtre de notre conscience parasitée par l'inconscient et le subconscient.

Nous sommes notre propre ennemi.

Nous sommes nous-même celui qui nous empêche d'être ce que nous devons être, en nous faisant croire que nous devons être ce que nous nous devons d'être aux yeux des autres qui ne sont que des êtres eux-mêmes aveugles et sourds à leur propre Être.

Il nous faut alors repousser nos propres limites, augmenter nos capacités, aiguiser notre perception, voir au-delà du voile des illusions.

Pour cela, il nous faut nous connecter à l'âme des choses, aux âmes des êtres, à la propre âme de notre Être dénudé fait de chair, d'esprit et de cœur.

Les retrouvailles des âmes séparées

Nous attendîmes ma séparation avec ma première épouse pour entamer notre relation amoureuse.

Certes, la situation n'était pas facile ; deux enfants qui n'avaient pas vu venir la rupture, un divorce à amorcer, un crédit sur une maison et maintenant une pension à envisager.

Cependant, dans l'euphorie et l'insouciance des premiers moments, nous commencions notre vie de couple. Le temps passa et nous envisagions un avenir ensemble.

Comme elle était plus jeune que moi et n'avait pas d'enfant, la question se posa. Le test avec la chaînette indiqua deux enfants pour elle. Moi j'avais déjà eu les deux annoncés.
Mais lorsque je réalisai à nouveau le test sur moi, il m'indiqua deux enfants supplémentaires.

C'était la première fois que je pouvais observer une modification du résultat d'un test, mais le plus merveilleux était que le destin, la providence ou une force supérieure à notre dimension humaine, nous offrait une chance extraordinaire.

Quelques temps plus tard, je fis un rêve dans lequel je me voyais rendre visite à ma compagne.

Je toquai à une porte. Elle ouvrait. Derrière elle, ses deux enfants. Ils n'étaient pas les miens. Ils étaient les siens. Je lui rendais juste visite. Le rêve s'arrête là.

Je lui fis part de ce rêve qu'elle considéra comme prémonitoire.

La vie continua.

Son père, amateur de planche à voile, l'invita à un séjour de vacances en République Dominicaine où elle pourrait s'adonner à cette activité qu'elle pratiquait elle aussi. Pour rejoindre sa destination, elle prendrait le train puis l'avion.

Le jour de son départ, je l'accompagnais à la gare. Au moment de nous séparer, une intense émotion nous submergea. Nous partagions la sensation que cette séparation était définitive, irrémédiable, incontournable, comme si nous étions projetés dans la triste histoire des jeunes mariés de l'époque médiévale. Nous eûmes la sensation que nous ne nous reverrions plus, plus jamais. Nous nous prîmes dans les bras et fondîmes en larmes.

Le voyage et le séjour se déroulèrent sans incident particulier et je pus tenir à nouveau ma bien-aimée dans mes bras.

Quelque temps plus tard, nous décidâmes de nous marier.

Les anges gardiens

A la naissance de mon premier enfant, avec ma première épouse donc, il fallut lui attribuer une marraine et un parrain.

Nous ne souhaitions pas baptiser l'enfant car nous estimions que nous n'avions pas à lui imposer un dogme religieux qu'il serait libre de choisir en son âme et conscience lorsqu'il atteindrait un âge de raison.

Ma quête personnelle m'avait conduit à m'interroger sur les visiteurs que j'avais aperçus lorsque j'étais enfant. Ils étaient mes anges gardiens. Mais ce n'étaient pas des anges, du moins pour l'homme trapu.

J'essayai d'en savoir plus sur eux mais je ne fus pas autorisé à avoir d'information sur la belle silhouette de la femme à l'ombrelle.

J'en appris bien plus sur son compagnon. C'était Elian. Celui-là même qui m'avait fait passer de vie à trépas il y a plus de dix mille ans. Celui qui s'était livré sur moi à un acte de cannibalisme.

Sa sanction était sévère. Son esprit serait désormais celui d'un esprit gardien affecté à ma personne. Il ne s'était jamais réincarné et son âme figée devait attendre que sa peine fut levée.

Notre choix des parrains, sorte d'équivalent des anges gardiens, fût aisé. En qui avions-nous une totale confiance pour s'occuper de notre enfant, si malheur nous arrivait ?

Le choix de la marraine se porta naturellement sur la sœur jumelle de mon épouse. Quant à moi, je portais sans hésitation mon choix sur le plus jeune frère de ma mère, mon oncle qui était à peine plus âgé que moi de six ans et que j'ai toujours considéré comme mon grand frère. Il était pour moi une référence masculine du père que je n'avais pas, puisque toujours absent et éloigné.

Cependant, je souhaitais attribuer à mon fils un esprit gardien qui veillerait sur lui.
Oui, mais comment faire ?
En quel esprit pourrais-je avoir une totale confiance ?

En Elian bien sûr !

Je lui demandai alors de veiller sur mon enfant comme il avait veillé sur moi dans mes différentes vies.
Je n'aurais alors plus qu'un ange gardien.
Soit !

Flammes de mes ancêtres

Au dernier souffle,
soudain s'éclaircit la nuit noire d'une lueur
d'espoir,
et les flammes de mes ancêtres dansent de
me revoir...

Retour dans l'église

J'eus l'occasion à deux reprises d'entrer à nouveau dans la petite église du village où j'avais connu ma première messe.

La première, lors d'une permission pendant mon service militaire, à l'occasion du baptême de mon premier neveu.

La deuxième à l'occasion de l'enterrement de mon grand-père maternel. L'église était bien plus petite que dans mon souvenir d'enfant. Ma famille et ma belle famille étaient présentes. En effet, la sœur aînée de ma première épouse épousa mon oncle, celui que je considère comme mon grand frère. Ceci perturba les liens de parenté : ma belle-sœur devenant ma tante, mon oncle mon beau-frère et leur enfants, à la fois mes cousins et mes neveux… Vous suivez ?

Donc pour les funérailles de mon grand-père, nous étions tous réunis à l'église où une messe était donnée.

Toute la grande famille s'était assise sur les bancs de gauche, et quelques personnes que je ne connaissais pas sur ceux de droite.

La famille faisait bloc pour affronter ce moment de tristesse.

Je ne pouvais pas ne pas repenser au décès de ma grand-mère : doit-on pleurer les morts ?

Comme pour équilibrer l'insoutenable tension qui régnait sur le flanc gauche de l'église, je me positionnai sur la droite. Intérieurement, je parlais à mon grand-père et tentais de l'accompagner pour son ultime départ.

Certes, je m'isolais de la famille et je sais que plusieurs membres n'ont pas dû apprécier mon attitude qu'ils ne devaient pas comprendre.

Aucun ne m'en a fait le reproche, mais j'ai ressenti leurs interrogations qui ne trouvaient pas de réponse au fait que je ne fasse pas corps avec la famille.

Je sentais un fort déséquilibre entre le poids de leur tristesse et la mienne que je contenais pour accompagner mon grand-père à ma manière.

Accepter la mort

Lors de la dernière visite que je fis à mon arrière-grand-mère qui avait quatre-vingt-seize ans et qui était atteinte de la maladie d'Alzheimer, je partageai avec elle un long moment où elle me raconta des souvenirs lointains. Elle me récita des poèmes et entonna même une chanson qu'elle avait apprise sur les bancs de l'école publique.

Revenant sur l'instant présent, elle me regarda et me dit qu'elle m'avait connu enfant.
Elle commença à me raconter un souvenir qui concernait en fait mon père et s'adressait à moi en tant que tel. Je ne tentai pas de rectifier mon identité car, à cet instant, elle était très heureuse de partager ce moment de mémoire.
Puis me regardant à nouveau, elle me demanda qui j'étais. Je lui dis alors que j'étais son arrière-petit-fils mais elle me répondit qu'elle ne savait plus si elle en avait eu.

Nous passâmes un long moment ensemble.
Elle me remercia de lui avoir rendu visite puis me demanda à nouveau qui j'étais.
Ce fut cependant une discussion très plaisante avec mon arrière-grand-mère.

Nous avions échangé sur l'essentiel.
Elle mourut peu de temps après.

Je me suis longuement interrogé sur ma conduite face à la mort, car elle est atypique en regard à la majorité de ma famille et d'un grand nombre de personnes en général.

Déjà au décès de ma grand-mère lorsque j'étais très jeune, j'avais jugé mon attitude surprenante et j'eus même un doute sur le fait qu'elle pouvait être une sorte de fuite face à l'expression de ma tristesse. Mais il n'en était rien.

Etait-il possible que je sois un être insensible ?
Je me suis aussi posé la question.

Certes, j'ai un certain détachement vis à vis de la vie.
Je constate chez moi une facilité, non seulement à accepter la mort mais aussi la fin définitive de relations avec des personnes vivantes, ou avec la perte ou l'abandon d'objets personnels auxquels j'étais attaché. Il m'est en effet assez facile d'accepter la fin des choses.

C'est en fait assez simple : la mort n'est que la fin de la vie. Elle est inévitable. Quand bien même il n'y aurait plus rien après, que pouvons-nous y faire ?

Lorsque je me sépare d'un objet, parce que perdu, cassé ou donné, il n'est plus en ma possession. Il est possible d'en garder le souvenir comme une sorte d'image holographique.

Doit-on le regretter ? Non, il a été : c'est déjà ça.
Pour moi, Il en est de même vis à vis des personnes disparues. Je garde en moi les souvenirs des êtres aimés ou appréciés. Même s'ils ne sont plus là, même si jamais je ne les reverrai, je peux rendre grâce pour les avoir côtoyés.
Ils sont désormais en moi.

Le risque d'oublier existe t-il ?
Oui. C'est une seconde perte.

Si l'oubli peut être la cause de l'égarement de l'être humain, il permet aussi de laver les souvenirs.
A moins d'un traumatisme particulier, les mauvais souvenirs s'estompent et restent les bons.

Il faut accepter l'oubli.

Certains ont besoin de sépultures, d'objets légués ou encore de photographies pour se recueillir et se souvenir des défunts.
D'autres n'ont pas besoin d'aide-mémoire pour se souvenir d'un être cher.

Pour ma part, je lâche prise, je me dépouille des objets du passé, j'accepte l'oubli comme j'accepte la mort.

L'essentiel survivra ou disparaîtra.

Mon père

Je ne l'ai connu en fait que peu. La somme des jours passés en sa compagnie depuis le divorce de mes parents doit à peine dépasser trois années. Sa décision de partir pour l'étranger lui permit de travailler en Espagne, au Mexique, en Grèce, en Jordanie non sans passer un bref séjour à Mende en Lozère.

Enfants, lorsque nous le rejoignions avec ma sœur, nous découvrions sa compagne dont il changeait régulièrement, nous demandant comment serait la nouvelle.

C'était un séducteur. Mais à bien y réfléchir, c'était un insatisfait. Que recherchait-il ? Cherchait-il à combler un manque de reconnaissance dû au fait que son père géniteur l'avait abandonné ?

Il ne croyait en rien, surtout pas en Dieu. Croyait-il d'ailleurs en autre chose qu'en lui-même ? Je ne le sais pas. Il ne communiquait pas sur l'intime.

Tous ceux qui l'ont connu en parlait en bien, c'était un séducteur et il savait très bien séduire. Mais dans l'intimité, il était tout autre.

Il était un ange dehors.
Mais quel démon le rongeait en dedans ?

Lui qui avait tant voyagé et qui avait presque bouclé son tour du monde en voilier lors d'un long congé sabbatique, décéda subitement à moins d'une trentaine de kilomètres du lieu ou je séjournais.

Il mourut sans aucun membre de la famille à ses côtés.
Il mourut isolé, sur un lit d'hôpital des suites d'un cancer de la gorge dont il ne nous avait pas parlé. Hormis mon grand-père de cœur qui était son confident, nous ne le savions pas malade. Ce n'était pas un communiquant.
La maladie a parlé pour lui, le mal à parler, le mal à dit, le mâle est mort.

C'est à moi que revint le choix de ses funérailles. Le sachant athée, il me sembla logique d'opter pour une crémation. Ainsi fût-il.

Après avoir récupéré l'urne funéraire, je profitai du trajet de retour pour tenter de communiquer avec lui.
Peut-être n'ai-je parlé qu'à une boite inerte, mais c'est à lui que je me suis adressé d'âme à âme.

Je lui fis remarquer l'ironie de la situation : lui qui ne communiquait pas sur l'essentiel était mort d'un cancer de la gorge.

Qu'avait-il en travers de cette gorge qu'il ne réussissait pas à avouer ?

 Lui le savait indéniablement.

Il devait se retrouver sûrement bête de constater qu'il y avait un après après la vie et qu'il était temps de rendre des comptes.

Il avait eu des travers que je connaissais, et que je ne peux pas avouer ici car ils ne me concernent pas.

Je pense qu'il en était conscient de son vivant.
Il y avait succombé puis les avait ignorés.
Il devrait maintenant faire face à lui-même et je l'encourageai, maintenant que la carapace était tombée, à prendre la mesure de ses actes.

 Pour ma part, je lui donnais mon pardon, il en avait bien assez avec ses propres démons. À lui maintenant d'envisager la sortie de son labyrinthe.

Mais pour cela, il lui faudra obtenir avant d'autres pardons.

Les naufragés
des montagnes enneigées

L'événement est bien connu. Le treize octobre mille neuf cent soixante-douze, un avion s'écrase dans la cordillère des Andes avec à son bord les joueurs d'une équipe de rugby accompagnés de membres de leurs familles, d'amis et les membres de l'équipage.

Peu de temps avant le crash, le pilote communique une position qui se révèle être fausse, ce qui va rendre les recherches difficiles. Plusieurs passagers meurent dans l'accident et les autres tentent de survivre dans le froid des trois mille six cent mètres d'altitude des montagnes enneigées.

Rationnant les maigres provisions de nourriture qu'ils ont, ils espèrent voir arriver les secours mais ils apprennent par la radio que les recherches sont abandonnées après quelques vaines investigations autour de la position erronée communiquées par le pilote.
Ils vivront un calvaire.
L'un d'eux succombera le premier à la tentation en mangeant des morceaux de chair du pilote mort dans le crash et dont le corps est conservé par le froid. D'autres le suivront.

Le corps du pilote ne suffira plus, ceux des amis morts prendront le relais. Ils n'y découperont que de fins lambeaux de chair principalement pris sur les cuisses et les bras, laissant les corps des défunts dans leur apparence générale.

Ils tenteront plusieurs expéditions pour aller chercher des secours, mais le froid, le relief et les conditions climatiques rendront ces tentatives infructueuses. Deux d'entre eux y parviendront, deux mois après la date de l'accident.
Des secours seront envoyés pour récupérer les quelques rescapés, avec eux un prêtre pour inhumer les corps des restants.

Une polémique s'installa très vite car il avaient raconté à leurs sauveteurs comment ils avaient survécu. Dans un premier temps, ils nieront les rumeurs d'anthropophagie.
Cependant lors d'une conférence de presse, la question sera posée.

L'un des rescapés expliquera alors comment ils ont accepté l'idée de manger le corps des autres.
Ils en acceptaient l'offrande ultime comme il était écrit dans la Bible lorsque pour son dernier repas, le Christ fit communion et dit « Prenez ceci, ceci est mon corps ».

Ils firent communion avec le corps offert des morts pour que leur vie continue.

Même si il fût dit par la suite que cet argument était avancé moins par conviction religieuse que pour se disculper, le pape de l'époque, Paul VI les absoudra de ce péché.

Cette histoire résonna en moi et je repensais à Elian qui avait mangé ma chair.
Une évidence s'imposa alors : Elian avait une dette envers moi.

Réciproquement, j'avais alors une dette envers lui. Il payait la sienne depuis dix mille ans et moi, j'abusais de la situation et je gardais son âme en servitude, en lui ordonnant de veiller sur mon fils qui devait sûrement avoir ses propres anges gardiens.

Il n'y avait qu'une issue : je devais pardonner.

Ce que je fis.
Et j'en ressentis une profonde libération.

Je fis ainsi mes adieux à Elian.

Un si difficile adieu

S'il m'a toujours été relativement facile de faire mes adieux, ici ce ne fut pas le cas.

Pour mon mariage avec ma deuxième épouse nous fîmes faire une bénédiction bouddhiste. Un de mes amis venait d'être ordonné prêtre et il accepta d'y procéder, non sans avoir reçu l'approbation de son supérieur.

Ce fut un mariage intime avec les membres proches des familles respectives et quelques amis.

Quelques mois plus tard, l'envie de concevoir un enfant se fit pressante mais hélas, aucun signe positif malgré nos tentatives ciblées. Nous dûmes entamer des analyses qui conclurent à une défaillance de ma part. Ma compagne vécut très mal cette situation. Nous tentâmes une procréation médicalement assistée qui échoua. L'épreuve fut intense.

J'acceptai alors un don de sperme anonyme dans un établissement à l'étranger. L'expérience échoua aussi.

Le destin ne nous était plus favorable.

Et nos déceptions étaient aussi grandes que les énergies que nous déployions alors.

Très affectés par le manque de résultat, désespérés, nous nous orientâmes vers une procédure d'adoption.

Les longues démarches avançaient et étaient sur le point d'aboutir, mais les épreuves avaient indéniablement affaibli le fort lien qui nous avait unis.

Conscient que nous ne pouvions pas nous engager à accueillir un enfant de substitution dans une relation fragilisée, j'interrogeai mon épouse sur le bien fondé de notre démarche. Nous conclûmes à regret qu'en effet la situation n'était plus favorable.

En découla le renoncement qui surprit les assistantes sociales qui nous avaient suivis, puis pour nous, l'éloignement et le divorce.

J'avais eu ma vie, je ne pouvais sacrifier la sienne. Je la laissai s'éloigner sachant son départ définitif.

S'en suivra pour moi une très longue période de déprime et de tristesse.

Feignant de sauver les apparences, je ne pouvais m'empêcher de verser des larmes au moment du coucher et je cachais mes émotions lorsque j'entendais parler d'enfant à venir ou d'adoption.

Les années passèrent. Sept années passèrent.

Aujourd'hui, j'ai accepté ce difficile adieu.

J'ai pansé cette cicatrice dont je garderai toujours la trace. Et je sais qu'elle ne réapparaîtra plus dans une vie prochaine en tant que cicatrice dans la paume de ma main, pour me remémorer un passé oublié.

Les adieux sont faits. Il n'est pas possible de revenir en arrière, seulement de continuer vers l'avant.

Je sais l'oubli qui m'attend au-delà de la vie. Je rends grâce pour les bons moments que nous avons pu partager, ils me remplirent de joie.

Quant aux autres, je les ai déjà oubliés.

Avenir

Chaque seconde naît et meurt dans l'instant, notre temps est éphémère. Ne rêvons pas notre avenir, façonnons-le dès à présent.

C'est par de simples gestes que de grandes ambitions peuvent s'accomplir.

Nous avons en nous la possibilité de tendre vers un monde meilleur, plus humain, plus juste.

Il est une clef de notre devenir : « Dans l'esprit, l'âme naît. »

Laissez naître à nouveau votre âme dans votre esprit, écoutez-la, ressentez-la.
C'est elle qui détient la vérité qui est en vous.

Développez-la, elle nettoiera votre esprit des souillures produites par l'humanité.
Suivez-la, elle vous guidera vers le divin qui est en vous.

Lueur de vie.
Avril 2020.